Técnicas para innovar y gestionar proyectos en logística

Luis Carlos Hernández Barrueco

Colección: Biblioteca de logística
Director: David Soler

**AURUM 1B. Técnicas para innovar
y gestionar proyectos en logística**
1.ª edición, 2016

© 2016, Luis Carlos Hernández Barrueco
© de esta edición, incluido el diseño
de la cubierta, ICG Marge, SL

Edita: Marge Books
Avda. Alcalde Moix, 28 - 08207 Sabadell
(Barcelona)
Tel. 931 429 486 - marge@margebooks.com
www.margebooks.com

Gestión editorial: Hèctor Soler
Edición: Cristina Torres Murillo, Alba Megías
Villanueva, Jorge Baro Olivero
Compaginación: Mercedes Lara
Infografía: Martí Garcés

ISBN: 978-84-16171-12-5
Depósito Legal: B 9451-2016

Procedencia de las ilustraciones:
Archivo y fotografías del autor y:

Arasur, 41
Asnalog, 32a
Asti, 34b
Bon Area, 36c
Derick Leony, 38a
DIA, 36b
Duro Felguera, 32b
Kevin Dooley, 26a
Leche Pascual, 41b
Mercedes, 34a
Quinn Dombrowski, 26b
Seat, 18
Teague Labs, 36a
Van Waasdijk, 36d

A mi mujer, Virginia, y a mis hijos, Markel y Heraitz

La excelencia es hacer cosas ordinarias extraordinariamente bien
JOHN W. GARDNER (político estadounidense)

Unidades temáticas 

Aurum 1A

Técnicas para la gestión financiera en logística

Aurum 1B

Técnicas para innovar y gestionar proyectos en logística

Aurum 1C

Técnicas de planificación industrial y gestión de existencias

Aurum 1D

Técnicas de cálculo con vehículos y unidades de transporte

Aurum 2E

Técnicas para reducir costos en operativas de transporte

Aurum 2F

Técnicas operativas en almacén

Aurum 2G

Técnicas y fórmulas de estiba de las mercancías

Aurum 2H

Técnicas para reducir costos en operativas especiales

Índice

El autor

Luis Carlos Hernández Barrueco (Vitoria, 1972) es licenciado en Ciencias Políticas por la Universidad del País Vasco. Cursó el Máster en Dirección Logística Integral (CSG), estudios de Comisario de Averías (Colegio Oficial de la Marina Mercante) y posee otros títulos relacionados con la Dirección Logística integral, Calidad, PRL y *Management*.

Tras veinte años de desempeño en el sector logístico, tiene experiencia en todos sus ámbitos, donde ha ocupado puestos de responsabilidad en empresas multinacionales, como jefe de planta en Steco–Allibert, adjunto al director de Operaciones en Norbert Dentressangle, director de Logística y Control de la Producción en Faurecia y responsable de Logística en Levantina y Asociados de Minerales.

El autor también ejerce como profesor de Logística y ha diseñado los campus virtuales *(e-learning)* de diversas escuelas de negocios. Es una figura relevante en la educación 3.0, con el empleo de tecnologías como la realidad aumentada o simuladores, campo donde realizó el primer curso de aprendizaje en línea con Google Glass y Epson Moverio BT200.

Introducción

La logística es un área profesional que engloba el transporte, el almacenaje, la distribución de productos, la planificación industrial y, en ocasiones, incluso las compras y el aprovisionamiento. Sin embargo, es una disciplina difícil de aprender porque apenas existe formación reglada sobre estas áreas (estudios universitarios, ciclos de formación profesional o de capacitación, por ejemplo), de modo que se transmite principalmente a través de seminarios, programas o másteres no estandarizados. Por lo general, esto supone una formación diferente en cada caso y sin un criterio común sobre el contenido necesario que hay que saber para desempeñar una determinada actividad.

Por otro lado, aunque en el aprendizaje de la logística tiene una gran relevancia la práctica, la mayor parte de la formación impartida es teórica, a través de clases magistrales, con lo que no se consigue ofrecer una visión global sobre ella.

Con la motivación de crear una metodología de aprendizaje innovadora en el ámbito logístico, basada en la **microformación,** se ha desarrollado el método AURUM. Esta es una **metodología didáctica,** organizada para dar cohesión a los diferentes y disgregados conocimientos que se precisan para llevar a cabo las distintas funciones logísticas, y así facilitar su aprendizaje mediante una sistemática progresiva. El soporte utilizado es, preferentemente, el aprendizaje visual y físico en el que se emplean, además, las tecnologías de la información y la comunicación.

Metodología AURUM

Los conocimientos sobre logística se pueden aprender y aplicar a través de **las técnicas, las tácticas y las estrategias.** Para el estudio y el perfeccionamiento de un conocimiento es necesario potenciar las técnicas relacionadas con la visión y la práctica. Para ello, hay que apoyarse en una formación que transmita un aprendizaje de estas técnicas y que dé paso a su aplicación conjunta mediante las tácticas apropiadas. Lo que se pretende es adquirir la destreza para su aplicación y llegar a un nuevo nivel: el del pensamiento estratégico, que abre las puertas a la innovación, a la redefinición de procesos y a la mejora de todos los conocimientos adquiridos.

La metodología AURUM se desarrolla en tres fases de aprendizaje y este libro forma parte de la primera fase, la de las técnicas. La segunda fase está destinada a las tácticas, que combinan diferentes técnicas, y la tercera está destinada a las estrategias, donde se aplican los conocimientos adquiridos en una orientación determinada.

A su vez, cada fase se expone a través de áreas de conocimiento agrupadas en torno a tres ejes temáticos:

- Innovación, planificación y gestión en logística.
- Operativas de transporte y almacén.
- Ejecución y medición del servicio.

Esta edición, presentada en forma de **fichas de microformación,** está dedicada al primer eje temático, donde se reúne un compendio de técnicas y fórmulas relacionadas con las siguientes áreas:

- Gestión financiera en logística.
- Innovación y gestión de proyectos.
- Planificación industrial y gestión de existencias.
- Cálculo con vehículos y unidades de transporte intermodal (UTI).

AURUM se plantea como una guía didáctica 3.0 con el apoyo de enlaces (códigos QR) con los que ampliar el conocimiento. En definitiva, AURUM es una metodología desarrollada para proporcionar las destrezas que se precisan para realizar el trabajo diario en logística.

Al final de esta introducción, se ofrece un ejercicio práctico con la finalidad de comprobar si las acciones que en él se describen, que son actividades logísticas, pertenecen al ámbito de las técnicas, las tácticas o las estrategias.

Técnicas	Tácticas	Estrategias
Son maneras de realizar una acción o un proceso. Las más eficientes o eficaces pasan a ser *las mejores prácticas.*	Son métodos de abordar un objetivo y que conllevan la aplicación de una o diversas técnicas.	Son planteamientos que marcan la orientación general de aplicación de las tácticas y técnicas hacia un enfoque determinado.

Áreas de conocimiento logístico

Las tres fases de aprendizaje de la metodología AURUM representan el conocimiento que es posible aplicar en los procesos logísticos. En estas tres fases se conectan e interactúan las áreas del trabajo diario, reunidas en torno a doce áreas de conocimiento, para facilitar su estudio conjunto.

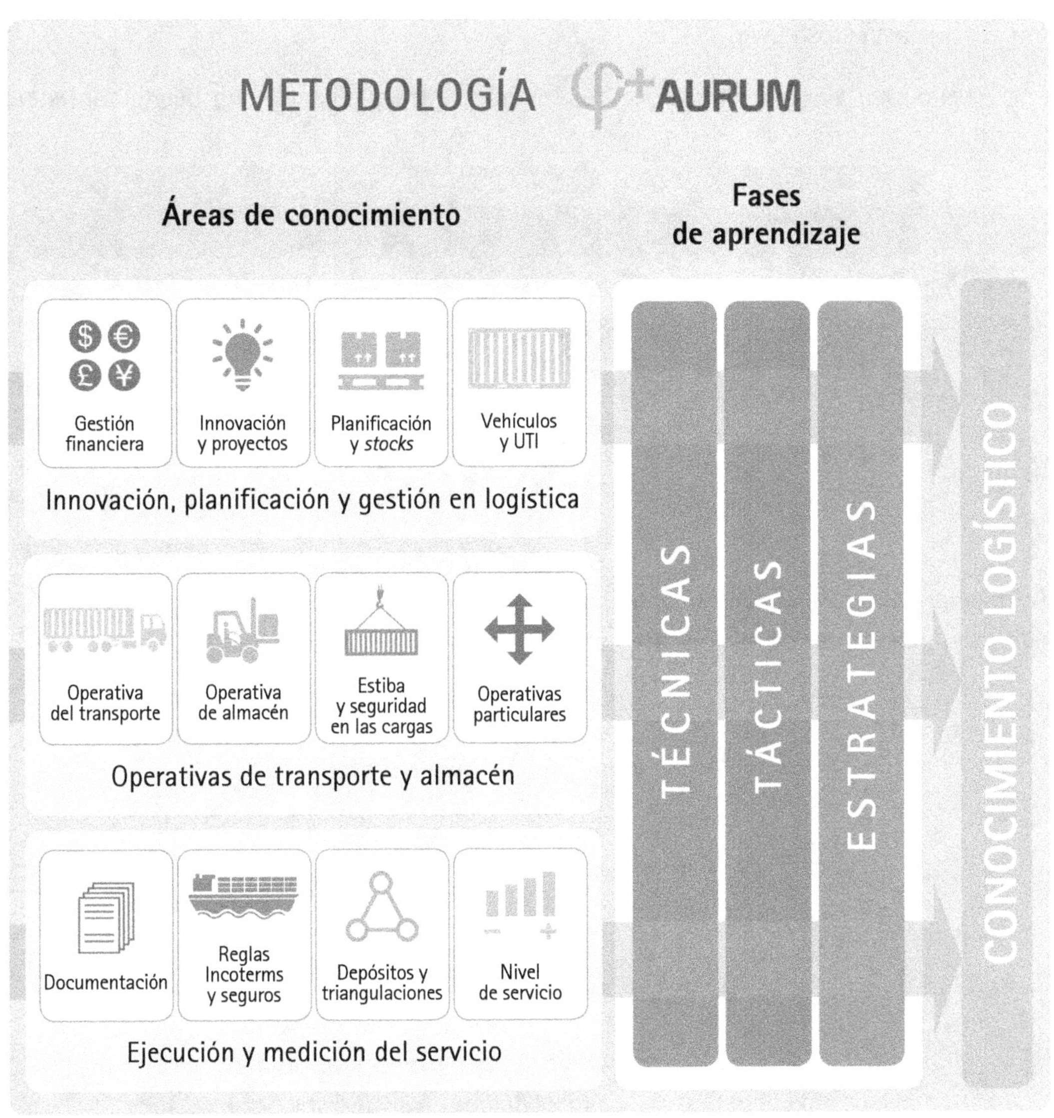

Fichas de microformación

La estructura de este libro responde a la metodología de aprendizaje AURUM. Se basa en la microformación, un sistema didáctico que permite que los contenidos se presenten en fichas independientes donde en cada una se aborda y resuelve un tema específico.

El contenido de cada ficha se presenta a su vez formando apartados que tratan la definición de cada tema, y ofrecen diferentes enfoques que facilitan la comprensión de procesos o aplicaciones y la asimilación de soluciones prácticas, ejemplos o fórmulas, entre otros aspectos clave.

Por este motivo, dependiendo de los temas que se tratan, cada ficha puede contener:

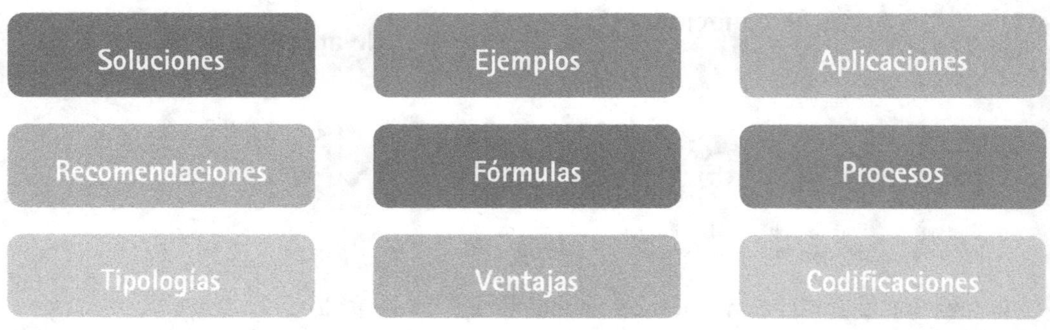

Asimismo, numerosas fichas se complementan con informaciones que permiten ampliar conocimientos específicos y enlaces a contenidos presentados en formato audiovisual:

 Información adicional de interés.

 Códigos QR con enlaces a internet.

 Las fichas de microformación presentan contenidos didácticos con un elevado nivel cualitativo. La metodología AURUM prioriza los aspectos significativos de la información y permite comprender con facilidad temáticas complejas.

Recomendaciones para la formación

Para impartir o recibir formación en cualquier área de conocimiento en logística bajo la metodología AURUM es conveniente tener en cuenta las siguientes recomendaciones didácticas:

Ítem	Metodología Aurum
Metodología didáctica	Actividades participativas
Desarrollo de la formación	El formador puede exponer las técnicas, los objetivos que se deben aprender y mostrar cómo se hace. Los alumnos deben ejecutar el proceso hasta que se alcanza el objetivo con destreza
Canales de comunicación preferente	La comunicación verbal y visual
Materiales empleados	Preferentemente objetos relacionados con las actividades que se han de desarrollar, como maquetas, realidad aumentada, realidad virtual, simuladores, tabletas, teléfonos inteligentes, ordenadores, diapositivas, vídeos, tablas, papel y gafas inteligentes
Lugar de la formación	Espacio donde se desarrollan las técnicas, tácticas o estrategias objeto de la formación. Para facilitar que los alumnos interactúen, el aula se puede disponer formando un círculo, con un objeto en el centro como, por ejemplo, una maqueta
Formato del curso	Microformación. Aprender una a una las técnicas, las tácticas o las estrategias concretas. Se pueden explicar previamente los objetos o componentes y las definiciones necesarias
Prácticas y proyectos de fin de curso	Las prácticas se pueden hacer durante la formación, sobre maquetas u otros elementos o bien sobre el terreno. Para asentar los conocimientos, se pueden realizar trabajos con objetivos reales que hay que alcanzar bajo las premisas y la supervisión del formador
Tiempo	Se pueden hacer formaciones planificadas, pero se debería centrar en torno a la formación inmediata, gracias al acceso a microcursos en línea sobre temas específicos. Algunos elementos pueden reducir el tiempo de formación necesario, como las gafas inteligentes con instrucciones que hay que visualizar durante la ejecución, por ejemplo
Medios para favorecer la retención de los contenidos	Las fichas rápidas de consulta, las técnicas nemotécnicas visuales, la práctica física, los simuladores, los microcursos o los vídeos de disposición inmediata
Valores de la formación	Sencilla, fácil, práctica y orientada hacia objetivos concretos

Indique si estos hechos son técnicas, tácticas o estrategias con una X:
(Verifique sus respuestas en la parte inferior de la tabla.)

Acciones	A. Técnicas	B. Tácticas	C. Estrategias
1 Calcular la capacidad en metros cúbicos de un contenedor			
2 Planificar la actividad de un almacén mediante ventanas horarias y turnos de ocho horas			
3 Fijar un *stock* de seguridad			
4 Orientar una empresa de transporte hacia el mercado del grupaje en Centroeuropa			
5 Realizar planes de mantenimiento preventivo para disminuir los daños por averías			
6 Cumplimentar adecuadamente una carta de porte CMR			
7 Rediseñar el sistema de distribución de una compañía basándolo en el uso de comisionistas			

Respuestas: 1-A / 2-B / 3-A / 4-C / 5-B / 6-A / 7-C

B

Técnicas para innovar y gestionar proyectos en logística

Innovar en logística

La logística tiene un peso relevante en las empresas, por lo que es un ámbito en el que siempre se trata de reducir costos. Cuando se llega a un punto en el que ya se han realizado cambios operativos y se han negociado las posibles opciones, todavía queda buscar otros caminos inexplorados mediante la **innovación**. Estos caminos se conocen como «océanos azules».

La innovación responde a la necesidad de supervivencia de las empresas y de los profesionales logísticos, pero no es sencilla. Requiere de un conocimiento sobre las técnicas, tácticas y estrategias de investigación y desarrollo (I+D), así como de la implementación de proyectos.

Por otro lado, la profesión logística suele caracterizarse por la escasez de tiempo y recursos de los que toda innovación requiere.

Ha de existir la voluntad de investigar, mejorar, implementar y reinventar en un entorno que acoja este proceso, lo potencie y esté dispuesto a asignar recursos económicos y humanos para hacerlo posible.

También se ha de estar dispuesto a hacer frente a entornos hostiles, que magnificarán los fallos en el proceso de mejora, e invitarán a dedicar esfuerzos a las acciones que proporcionen recursos tangibles en el día a día.

Este capítulo está dedicado a analizar cómo encauzar el trabajo para gestionar adecuadamente la innovación y los proyectos.

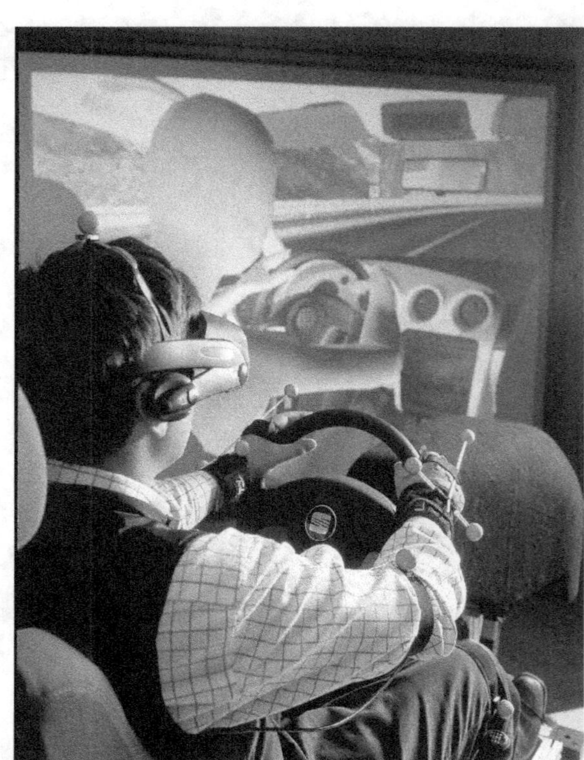

¿Qué campos de la innovación logística se pueden convertir en ventajas diferenciales?

La **innovación** no tiene unas reglas fijas ya que depende de cada empresa, sector o país, pero sí tiene unas tendencias comunes que conviene explorar y conocer.

La innovación se canaliza fundamentalmente a través de la mejora continua de los procesos y la mejora tecnológica de los elementos. La innovación en logística se desarrolla en el marco de tres grandes tendencias:

1 Tecnologística: el desarrollo de nuevas tecnologías en maquinaria, robótica, productos, materiales y estructuras y, particularmente, la automatización de la actividad logística, que redundará en su eficiencia.

- Automatización de la actividad productiva.
- Automóviles sin conductor.
- Nuevos materiales.
- Robótica.
- Internet de las cosas.
- Plantas de fabricación inteligentes.
- Redes y estructuras inteligentes.

La mayoría de las innovaciones son pequeñas modificaciones que suponen una evolución de algo existente.

2 Entornos 2.0 y 3.0: herramientas digitales aplicadas a las empresas para llevar la gestión a otros niveles.

- Uso de herramientas 2.0 y 3.0.
- Realidad aumentada y virtual.
- Integración clientes/proveedores.
- Desarrollo del transporte inteligente.

3 Gestión del conocimiento: acceso a técnicas, tácticas y estrategias, y al desarrollo de sistemas para gestionarlas y alcanzar el rendimiento óptimo.

- Estandarización de los conocimientos requeridos para el ejercicio profesional.
- Creación de bases de datos con mejores técnicas, tácticas y estrategias.
- Desarrollo de simuladores.
- Desarrollo de programas informáticos y gestión del conocimiento y la innovación.

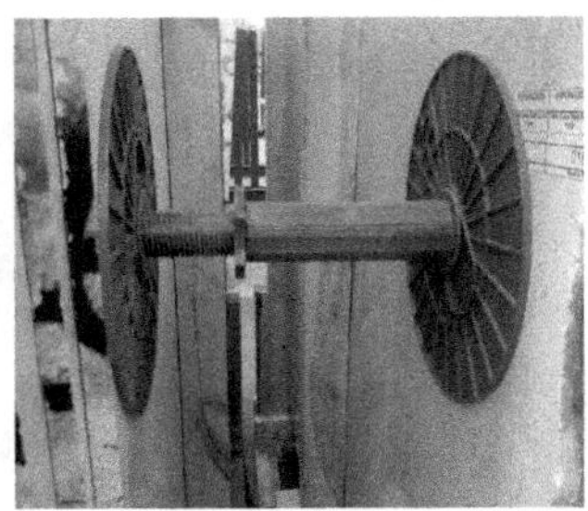

Voidgard, dispositivo sintético de cargas más barato y rápido que la bolsa de aire.

Vehículo eléctrico Seur City para reparto urbano que permite llevar muchos más paquetes sin esfuerzo.

¿Cómo se organiza la innovación de productos en logística?

En un proceso logístico intervienen múltiples elementos: embalajes, útiles de manipulación, envases, etc. La innovación puede venir de los proveedores, pero en muchas ocasiones este proceso se realiza de manera colaborativa por parte de las empresas. En este caso hay que conocer qué pasos dar para **gestionar la innovación de un producto** como podría ser un nuevo embalaje, por ejemplo.

Proceso

Fases del proceso

1 **Se recopilan datos** actualizados sobre los riesgos (número de reclamaciones, accidentes, etc.) y se determinan los indicadores clave de rendimiento (KPI) para medir la situación. En el caso de tener acceso a datos sobre los ensayos que dieron lugar a estos productos, hay que reflejarlos.

2 **Se desarrollan alternativas,** se definen los objetivos que hay que conseguir, se determina el equipo responsable, se aplican herramientas de proceso creativo y se presentan las propuestas.

3 **Se validan las propuestas** mediante ensayos y análisis del impacto económico, operativo y comercial.

4 **Se planifica y se aborda la puesta en marcha** ejecutando el proceso, comunicando los cambios y revisando los resultados tras un tiempo.

¿Qué es un cronograma y cómo se usa en un proyecto?

El **cronograma** o **diagrama de Gantt** es una herramienta utilizada en la **planificación de procesos.** Su función es desglosar las tareas que hay que realizar, las fechas, las personas responsables y otra información relevante.

Proceso

El cronograma es un guión que permite coordinar todas las partes de un proceso. Los hay muy sencillos, realizados mediante una hoja de cálculo, pero existen programas informáticos que permiten proyecciones más complejas, como desarrollar informes y valoraciones, por ejemplo.

En los grandes proyectos, la elaboración y la actualización de un cronograma son más complejas, pues dependen muchas veces de factores variables, como la llegada de materiales o la finalización a tiempo de las tareas que han de realizar otros departamentos. Para solventar posibles incidencias es recomendable seguir estos pasos:

1 Reunión inicial con todas las áreas afectadas para consensuar el cronograma y remitirlo a las personas involucradas.

2 Indicar qué acciones están supeditadas al tiempo o a terceras personas.

3 Tras iniciar las actuaciones, es necesario repasar el cronograma periódicamente, informando de cualquier variación (adelantos y retrasos) que pudiera afectar a otras partes y enviar el nuevo cronograma con su fecha de actualización.

4 En caso de graves retrasos, se deben convocar reuniones periódicas para establecer planes de acción y medidas para su resolución.

5 Se recomienda disponer del cronograma impreso en un lugar visible y en formato digital «en la nube», de manera que sea accesible desde puntos remotos.

6 Habitualmente es necesario disponer de informes sobre la situación del proceso.

N.°	Tarea	Responsable	Semana											
			12	13	14	15	16	17	18	19	20	21	30	40
1	Preparación de la solicitud de inversión	HGF	■											
2	Presentación de la solicitud de inversión	LCH		■										
3	Firma y envío del contrato al proveedor	LCH		■	■									
4	Selección de proveedores invitados y de datos	AMS			■									
5	Elaboración de la documentación *tender*	HGF			■	■								
6	Configuración y lanzamiento *tender*	LCH				■								
7	Resolución de dudas e incidencias	LCH					■	■						
8	Cierre de *tender* y presentación de los resultados de la tanda 1.ª	LCH							■					
9	Inicio de negociaciones de la tanda 2.ª con finalistas	CHU							■	■				
10	Asignaciones finales y comunicación	CHU									■			
11	Actuaciones para la puesta en marcha	LCH									■	■		
12	Valoración del seguimiento	CHL, AMS											■	■

¿Cómo presentar un plan de inversión para que la propuesta de innovación sea aprobada?

Toda innovación supone un costo y requiere un **plan de inversión** para que sea aprobada.

Solución

Para realizarlo se propone seguir el siguiente formato:

0 Título y encabezado

1 Detalles del proyecto
1.1 Descripción del proyecto.
1.2 Objetivos del proyecto.

2 Alternativas consideradas
2.1 Alternativas evaluadas.
2.2 Criterios de selección de alternativas.

3 Estudio económico
3.1 Hipótesis operativas para el cálculo de los **flujos de caja libre** y **valor residual.**
3.2 Flujos de caja libre.
3.3 Hipótesis financieras para el cálculo del **valor anual neto (VAN),** la **tasa interna de retorno (TIR)** y el **periodo medio de maduración** *(pay-back).*
3.4 Análisis de sensibilidad (en el caso de proyectos que conlleven la creación de una empresa).
  – Variable 1. ¿Qué otras alternativas al crear una empresa se han tenido en cuenta?
  – Variable 2. ¿Por qué la opción propuesta es la mejor?
  – Variable 3. Indicar el máximo riesgo de pérdida económica (incluidos los costos de cierre).
  – Conclusión.

4 Desglose de las partidas más significativas del proyecto por cuenta contable
5 Vida útil y calendario de amortizaciones
6 Calendario de pagos

Términos de ejecución

Inicio (mes / año)   Cierre (mes / año)

Datos financieros[1]

TIR	%
VAN	€
Pay-back	**Años**

[1] Solo necesario para los segmentos 4, 5, 6 y 7

Documentación incluida
1. Detalles del proyecto ☐
2. Alternativas consideradas ☐
3. Estudio económico ☐
4. Desglose de partidas significativas ☐
5. Vida útil y calendario de amortización ☐
6. Calendario de pagos ☐

Otra documentación
☐
☐
☐

Desglose de las partidas más significativas del proyecto por cuenta contable.

¿Qué son los objetivos *smart* y cómo aplicarlos en logística?

Un factor clave para enfocar la innovación es **fijar objetivos.** La experiencia demuestra que los objetivos que se determinen han de reunir unos requisitos concretos. Si son imprecisos o insuficientes pueden ser la causa de muchos fracasos.

Proceso

Una de las técnicas más sencillas para establecer unos objetivos adecuados es hacerlo bajo la premisa *smart* (inteligente en inglés):

S	Específicos	Los objetivos deben ser concretos y no pueden dar lugar a dudas. Por ejemplo, conseguir un 3,5 % de reducción del precio de venta al público manteniendo el margen de beneficio.
M	Medibles	Han de ser medibles, tanto al inicio como a lo largo de todo el proceso. Es recomendable el uso de indicadores clave de rendimiento (KPI) (como 35,2 €/ud., por ejemplo).
A	Acordados	La responsabilidad de las partes que intervienen debe estar bien definida y todas tienen que estar de acuerdo y comprometidas con el objetivo.
R	Realistas	Han de ser asequibles siguiendo el plan que se trace. Por ejemplo, una mejora de la productividad de un 2,2 %.
T	Temporales	Se debe marcar una fecha o calendario con pasos e ítems concretos que se conocen y aceptan por las partes implicadas.

Los objetivos siempre deben figurar por escrito en los soportes documentales que se utilicen para impulsar un proyecto, como lo son, entre otros:

- El documento en donde se describan los objetivos personales de los participantes.
- El que utilicen los grupos de mejora.
- El propio dossier de presentación del proyecto.

¿Qué técnicas de creatividad se pueden emplear para innovar?

Las **técnicas de creatividad** son herramientas que fomentan el desarrollo de alternativas a productos o procesos, siguiendo las buenas prácticas que ya han demostrado su eficacia.

Ejemplos

1 El método *scamper,* elaborado por Bob Eberle, consiste en una reunión en la que se realizan diversas acciones sobre un producto para proponer alternativas existentes o inventadas. Tras realizar los pasos pertinentes, se presentan las mejores opciones.

2 Otro método es la **lista de atributos.** Es una creación de Robert P. Crawford en la que se llevan a cabo los siguientes pasos:

    1 Elegir un producto.

    2 Identificar sus componentes.

    3 Describir las funciones y los atributos de cada elemento.

    4 Separar los atributos esenciales de los accesorios.

    5 Identificar los atributos esenciales mejorables.

    6 Estudiar las posibles modificaciones de cada atributo.

    7 Estudiar las posibilidades del objeto en función de los cambios propuestos en cada parte.

    8 Seleccionar el nuevo objeto.

3 Otra técnica recomendable es el uso de **fichas 8D.** Consiste en analizar en profundidad las causas de los problemas y ofrecer ideas para solucionarlos.

4 Otra técnica es la **tormenta de ideas (ficha B8).**

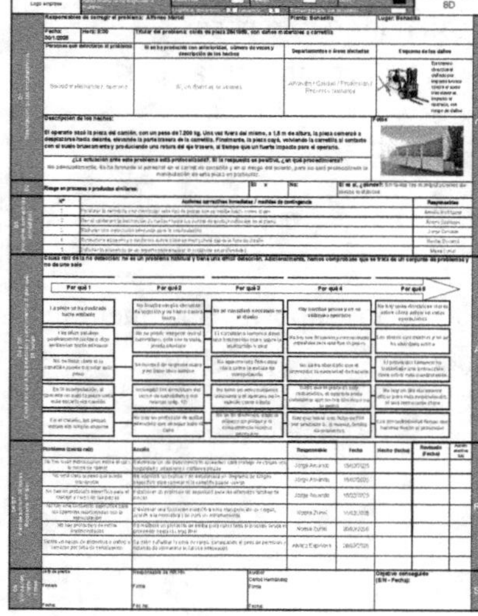

Ejemplo de ficha 8D.
Véase el anexo b1.

S — **Sustituir:** analizar cada parte para plantear alternativas, cambiar sistemas, etc.

C — **Combinar:** realizar combinaciones con otras piezas, métodos de trabajo, etc.

A — **Adaptar:** implementar ideas que funcionan en otros modelos o áreas.

M — **Modificar:** cambiar ligeramente lo existente introduciendo variantes más eficaces.

P — **Proponer otros usos:** utilizar el embalaje de otra manera, cambiar la posición, la estiba, etc.

E — **Eliminar:** suprimir partes, reducirlas, sustituirlas por otras o compensar su función.

R — **Reordenar:** cambiar de lugar los elementos, invertirlos, etc.

¿Qué es un taller de trabajo intensivo y cómo se organiza?

Un **taller de trabajo intensivo,** también conocido como *workshop,* es un grupo de trabajo interdisciplinar constituido para trabajar entre tres y cinco días con el fin de abordar posibles soluciones o mejoras ante un caso concreto. Por ejemplo, solucionar los problemas de paradas frecuentes en un proceso. Este tipo de taller se realiza usualmente en grandes compañías (especialmente en el sector de la automoción, donde suele haber departamentos dedicados a la organización).

Proceso

1 Gestionar una **solicitud** de taller de trabajo ante el departamento que corresponda (calidad, *kaizen,* etc.), indicando el tema, proponiendo participantes, etc.

2 Tras la aprobación, decidir la fecha y establecer el **equipo integrante,** compuesto por una persona encargada de organizarlo que no pertenezca al área afectada; un colaborador, que generalmente es el responsable de dicha área, encargado de proporcionar información y datos clave; y personas de distintas escalas y áreas, encargadas de analizar problemas o mejoras y de formalizar una propuesta.

3 Se realiza una **tormenta de ideas,** habitualmente con pizarras y otros elementos.

4 La **duración** puede ser de tres días, si es un tema específico, o de cinco, si es más amplio.

5 **Ejecución** del taller de trabajo:

A Presentar los motivos del taller y los pasos que se darán.

B Fijar los indicadores (KPI) de partida.

C Desglosar los procesos afectados e identificar los puntos mejorables.

D Emplear técnicas de mejora (Los 5 ¿por qué?, por ejemplo) y definir las posibles soluciones a los puntos identificados.

E Clasificar las acciones en un cuadrante que tenga en cuenta el impacto y la dificultad. Para ordenar su aplicación (tendrán preferencia aquellas que más impacto tengan y sean de menor dificultad).

F Implementar los primeros cambios y plasmar sus resultados en un nuevo cuadro de KPI con la situación previa y la posterior.

G Realizar un diario del taller con todas las acciones pendientes y los objetivos, indicando responsables y fechas de realización y revisión.

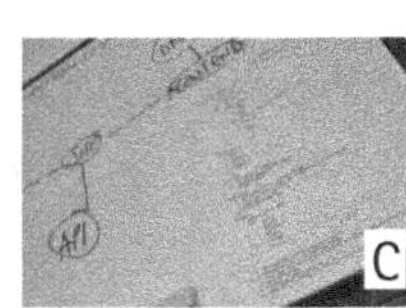

¿Qué es una tormenta de ideas y cómo se realiza?

La **tormenta de ideas** *(brainstorming)* es una herramienta de trabajo en grupo cuya finalidad es fomentar la creatividad y las propuestas sobre un tema concreto. Consiste en una reunión con diferentes personas, en la que se proponen todo tipo de soluciones, sin condicionar las propuestas a la crítica o a factores externos.

Proceso

Antes de la reunión se han de acordar la fecha de la misma, el propósito y los participantes.

Lugar

Se debe disponer de un lugar adecuado, evitar las interrupciones y procurar la comodidad y el bienestar de los participantes. Si se carece de un lugar con estas características, se puede acondicionar otra sala. Es útil disponer de proyector, papel, rotuladores, tarjetas autoadhesivas, pizarra, etc.

Ejecución

1 Presentar el objeto de la reunión para identificar los puntos de mejora.
2 Analizar los motivos con ayuda de herramientas de análisis (Los 5 ¿por qué?, 8D, etc.).
3 Examinar las soluciones previas a problemas similares.
4 Si se trata de un problema sobre un lugar físico, considerar el desplazamiento hasta él con la finalidad de consultar al personal y conocer sus opiniones y sugerencias.
5 Implementar técnicas de mejora de la creatividad (método scamper, diagrama de Ishikawa, etc.) y promover que los componentes expongan sus propuestas.
6 Que el coordinador exponga todas las propuestas anotadas por los participantes. Se pueden pegar notas en la pizarra con las ideas y leerlas en voz alta.
7 Valorar las ideas y propuestas de mejora hasta agotar el tiempo disponible.
8 Recopilar las ideas validadas por el grupo para su posterior gestión.

Las tormentas de ideas suelen formar parte de los **talleres de trabajo** o de las **reuniones** convencionales.

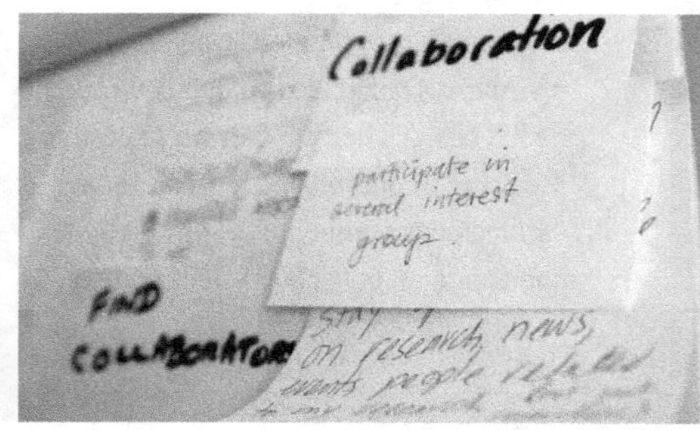

¿Qué herramientas 2.0 se pueden usar en una empresa?

Se denomina **herramientas 2.0** a todos aquellos lugares web en los que los usuarios pueden crear contenidos, relacionarse e interactuar dentro de los llamados **entornos colaborativos.** Algunos ejemplos son las redes sociales, las webs en las que se insertan vídeos e imágenes o las bases de datos compartidas.

Ejemplos

En las empresas pueden emplearse tanto aplicaciones para el uso diario, como lugares web específicamente diseñados para el entorno empresarial:

Tenders y bolsas de carga
Ticontract, Wtransnet, uShip, Teleroute, Timocom, Mercatrans.

Videoconferencias
Webex, Adobe, Connect, Skype, Hangout.

Almacenamiento en línea
Dropbox, Drive, SkyDrive, iCloud, Copy, Mega, Box.

Seguimiento de buques y contenedores
Marine Traffic, FleetMon, Inttra, Localizatodo.

B2C y B2B
Logisnet, Alibaba, Solostocks, Direct Industry, Logismarket.

Redes profesionales
Linkedin, Viadeo, About.me, Xing, Freelancer, Womenalia, dir&ge.

Transferencia de archivos
Wetransfer, Dropsend, Beamit, Infinit, Plus Transfer, Files2U.

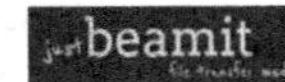

¿Qué es el internet de las cosas y cómo aplicarlo en logística?

Se llama **Internet de las cosas** (IoT, por sus siglas en inglés) a la red de conexión entre objetos y dispositivos, así como a los protocolos, las aplicaciones, los sensores y los dominios que los sustentan.

Estos elementos se conectan bajo diversos sistemas, pudiendo transmitir *inputs* que generan acciones programadas o de forma autónoma (inteligencia artificial).

Aplicaciones

1. Sensores en las unidades de carga que controlan su estado y situación.
2. Sensores en los contenedores para registrar vibraciones, golpes y otras eventualidades.
3. Detección de incidencias en cosechas para suministro mediante drones y sensores.
4. Interacción de robots autónomos con diferentes áreas mediante sensores.
5. Sensores de contaminación y clima.
6. Mercancía almacenada que transmite su posición y estatus.
7. Vehículos sin conductor que desempeñan tareas programadas.
8. Detección mediante sensores de materiales incompatibles (mercancías peligrosas, por ejemplo).
9. Fábricas que conectan con todos sus elementos para el control y la toma de decisiones.
10. Sensores en el agua y en terminales para el seguimiento de la actividad portuaria.
11. Carreteras inteligentes que actúan con señalética sobre parámetros.
12. Electrodomésticos que emiten órdenes de suministro al alcanzar determinados niveles.
13. Gestión inteligente del transporte en función de la información recibida.

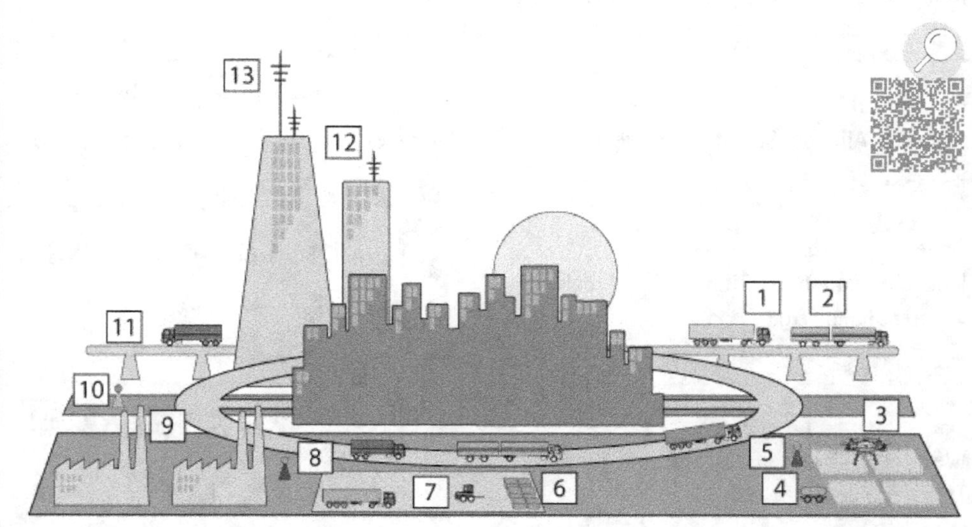

¿Qué son las gafas inteligentes y cómo aplicarlas en logística?

Las **gafas inteligentes** *(smartglasses)* consisten en una estructura que da soporte a un sistema informático que permite añadir información a aquello que ve quien las lleva puestas.

Tipología

1 **Gafas convencionales:** están dotadas de una luz que transmite información mediante el cambio de color. Pueden usarse para recibir avisos.

2 **Gafas de realidad virtual:** son totalmente opacas, con pantalla interior que permite simular un entorno 3D virtual. Se emplean para ver simulaciones de plantas o edificios, para aprender a manejar vehículos o como soporte en el diseño de proyectos, por ejemplo.

3 **Gafas de realidad aumentada:** son gafas transparentes con uno o dos cristales que pueden proyectar lo que se está grabando. Tienen muchos usos potenciales en logística:

- Selección visual: preparación de pedidos en almacén siguiendo las instrucciones de las gafas.
- Conexión por videoconferencia para solicitar ayuda con averías o para instrucciones.
- Conexión e interacción con los objetos y espacios del entorno mediante el Internet de las cosas.
- Uso en múltiples aplicaciones digitales de soporte y ayuda durante el trabajo.

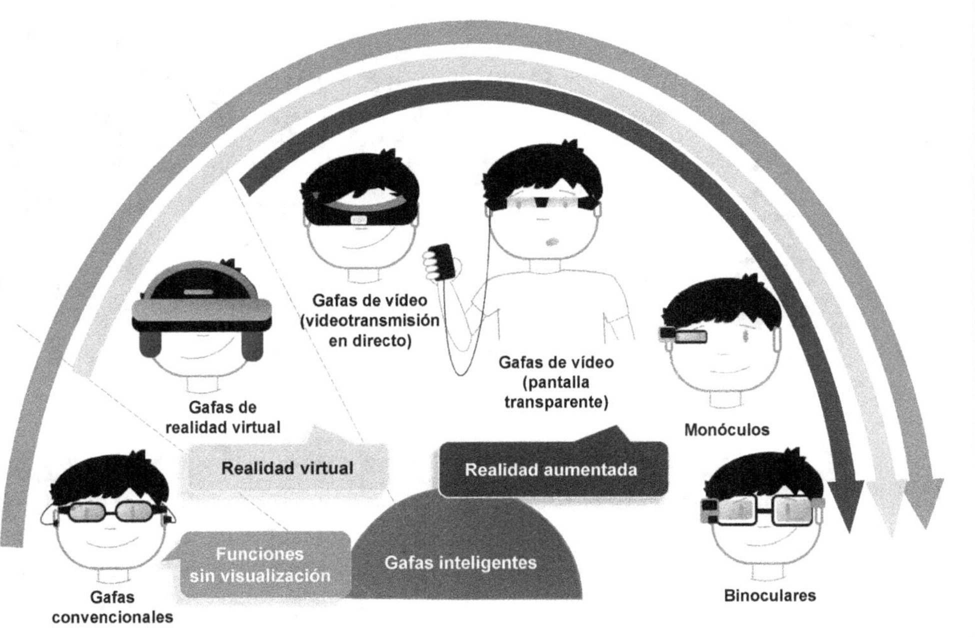

¿Qué es la realidad virtual y cómo aplicarla en logística?

La **realidad virtual (RV)** es una tecnología que genera y permite ver un entorno virtual tridimensional.

Este entorno virtual puede ejecutarse de dos maneras:

- **RV inmersiva:** mediante escenarios y gafas diseñadas para poder transmitir la posición. Este sistema es muy costoso.
- **RV no inmersiva:** mediante gafas o cascos opacos. Son muy comunes en los videojuegos y visitas virtuales. Este sistema es más económico.

Aplicaciones

La realidad virtual tiene numerosas aplicaciones en logística, en ámbitos como:

- Diseño de embalajes en 3D.
- Diseño de naves y disposición de almacenes.
- Diseño de vehículos de almacén y unidades de transporte intermodal.
- Diseño de elementos para la manipulación de cargas.
- Aprendizaje del manejo de carretillas, grúas, etc.
- Simulación y entrenamiento de operaciones específicas.
- Análisis de accidentes y siniestros.

RV inmersiva: cubo para visionado de realidad virtual (EON Reality).

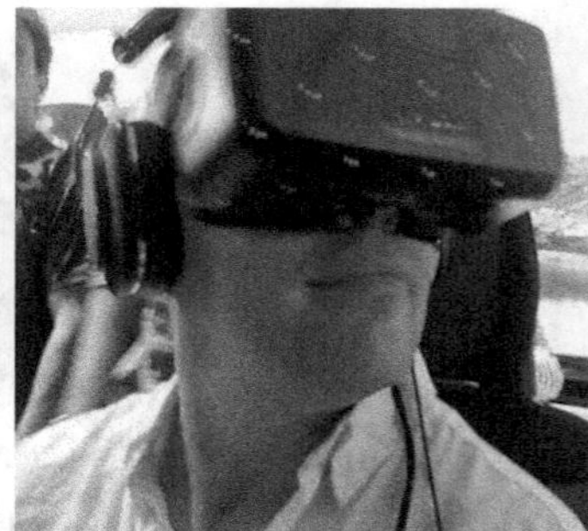

RV no inmersiva: oculus RIFT de Volvo.

El uso principal que se está dando a la realidad virtual en la logística es el apoyo al aprendizaje en la conducción de carretillas elevadoras o camiones. Al ser un aprendizaje totalmente inmersivo, los alumnos pueden experimentar todo tipo de situaciones a un costo muy inferior del que supondría la conducción real. Hay que sumar la ventaja de que, en este caso, tampoco hay posibles daños físicos.

¿Qué es la realidad aumentada y cómo aplicarla en logística?

La **realidad aumentada** es una tecnología que permite superponer objetos o información digital sobre la realidad mediante el uso de tabletas, teléfonos, gafas inteligentes y otros dispositivos de visualización.

Aplicaciones

Para crear aplicaciones de realidad aumentada es necesario emplear sistemas o programas especializados. Estas aplicaciones se pueden crear en la propia empresa o contratando a un equipo externo especializado.

- **Pedidos.** Preparación mediante instrucciones visuales *(pick by vision)*
- **Cursos** y microcursos relacionados
- **Documentos** y formularios cumplimentados *in situ*
- **Utilización.** Microinstrucciones de uso o reparación
- **Información** general del producto
- **Videoconferencias** del contenido visualizado
- **Aplicaciones** (app) de apoyo profesional
- **Control** y supervisión de datos mediante visualización
- **Objetos** en realidad aumentada para presentaciones e información adicional
- **Conexión** con la red para acceder a información remota

Visualización de un objeto de realidad aumentada sobre un marcador desde una pantalla (tableta, teléfono o gafas inteligentes).

¿Qué son los sistemas de autocarga y descarga de vehículos? ¿Cuándo aplicarlos?

Son dispositivos que permiten realizar operaciones de carga y descarga de vehículos de manera autónoma y sin manipulación humana. También existen sistemas mixtos que combinan elementos tradicionales (carretillas elevadoras, grúas, etc.) y sistemas automáticos. Gracias a todos ellos, se pueden agrupar grandes cantidades de carga y reducir ampliamente sus movimientos mediante dispositivos especiales.

Aplicaciones

Para analizar si es aconsejable desde el punto de vista económico usar uno de estos sistemas es necesario realizar un **plan de inversión (ficha B4).**

Estas son algunas razones (independientes del factor económico) para emplearlos:

- Cargas muy largas que requieren de dispositivos especiales para la carga en contenedores.
- Tiempos muertos que pueden aprovecharse para ir preparando cargas antes de que llegue el vehículo de transporte.
- Horarios flexibles que requieren dejar preparadas las cargas por si los vehículos llegan cuando ya no haya cargadores.
- Almacenes automatizados que requieren gestionar sus cargas y descargas.
- Reducción de reclamaciones mediante técnicas de estiba solo aplicables con estos sistemas.

Plataforma de carga automática (Asnalog)

Sistema NALON N8 (Duro Felguera)

¿Qué son las etiquetas inteligentes RFID? ¿Cómo aplicarlas en el almacén?

Las **etiquetas inteligentes RFID** (radio frequency identification data) se colocan sobre los objetos y son capaces de transmitir información vía radiofrecuencia a un receptor (lector o *handheld)* mediante uno o varios chips y antenas, que llevan incorporadas, cuando están en el rango de dicho receptor.

Tipología

- **Pasivas:** no necesitan alimentación. Son las más económicas y las más utilizadas. Tienen un radio de emisión muy pequeño (de 0,1 a 8 m). Para leerlas hay que usar un lector RFID de mano tipo PDA o *handheld* o disponer de portales (arcos o áreas de receptores) instalados en las zonas de paso, para saber cuándo una mercancía pasa a otro lugar.
- **Activas:** funcionan con baterías extraíbles y tienen un alcance mayor (hasta 500 m). Pueden almacenar y comunicar más información (grado de humedad, golpes, vibración, etc.). Son más costosas, pero son reutilizables y tienen una vida útil larga.
- **Semipasivas:** llevan también una pila para alimentar el chip pero no para la transmisión de la señal. Se activan con la energía del receptor.

Aplicaciones

1 Al entrar en el almacén se asignan etiquetas a los productos o a los embalajes.
2 Se pueden leer mediante antenas (receptores).
3 Se pueden leer al salir por un arco o portal.
4 Se pueden leer mediante dispositivos PDA o lectores situados en carretillas.
5 Toda la información se recibe automáticamente en el sistema de gestión, que mantiene el inventario permanentemente actualizado.

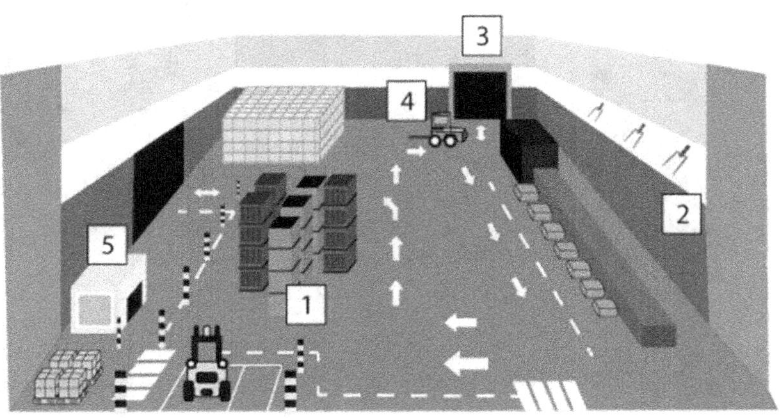

¿Qué son los vehículos sin conductor y cuándo utilizarlos?

Se trata de vehículos que **pueden circular autónomamente sin conductor** *(driverless).* Esta tecnología (AGV, LGV) se utiliza en los almacenes para traslados internos de productos.

Ejemplos

Para circular, se valen fundamentalmente de cuatro tipos de tecnología:

- **Filoguiado:** se desplazan mediante un hilo conductor instalado bajo el suelo.
- **Visión artificial:** un programa informático permite tomar decisiones.
- **Optoguiado:** se desplazan siguiendo unas tiras pintadas en el suelo.
- **Guiado láser:** se desplazan mediante el reflejo en espejos o fotocélulas.

En algunos países se están autorizando o están en fase de pruebas los vehículos sin conductor en carretera (camiones, coches), en aire (drones) o en mar (buques sin conductor). Para poder tomar una decisión sobre su aplicación, se deben seguir los pasos de la **ficha C10** y realizar una comparativa integral (total de costos) del sistema existente frente al vehículo sin conductor.

Algunos de los aspectos que hay que valorar para tomar una decisión son:

- Costos del vehículo.
- Costos de personal.
- Costos de reclamaciones.
- Accidentes.
- Flexibilidad.
- Ruido.
- Contaminación.
- Información.
- Vida útil.

Prototipo de camión Mercedes sin conductor.

EasyBots de Asti.

¿Qué aplicaciones informáticas usar en logística?

Las **aplicaciones informáticas (app)** son programas diseñados para dispositivos móviles inteligentes, tales como teléfonos, gafas, relojes o tabletas digitales.

Realizan una determinada labor (navegación, cálculo, acceso a redes sociales, etc.) de una manera más ágil y práctica que si se hiciera a través de internet, porque están diseñadas para el formato de visualización y las características del dispositivo en el que se instalan.

Ejemplos

Bolsas de carga

Sirven para ofertar o localizar cargas a través de empresas especializadas:

Wtransnet, Timocom, Teleroute, Schmitz Cargobull.

Navegación y rutas

Permiten calcular rutas, conducir con la ayuda de navegadores o localizar direcciones:

Sygic truck, Vía Michelin, Truck GPS, PTV Navigator, Google Maps.

Información ADR

Dan acceso a fichas de seguridad, rutas e información sobre el transporte internacional de mercancías peligrosas por carretera:

Knorre, Rutas ADR Kemler, Mercancías, ADR Tunnels.

Cálculo de estiba

Calculan la estiba necesaria para cada caso:

LoadAdvisor, Lashing Calculator, TYA, Trucker Helfer, Dolores, CargoWeight Calculator.

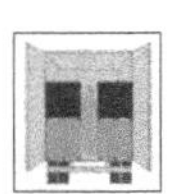  

Comunicación

Sirven para enviar mensajes, realizar videoconferencias, comunicar órdenes o transferir archivos:

Whatsapp, Line, Messenger, Wetransfer, Send Anywhere.

Gasolineras y aparcamientos

Permiten localizar áreas de descanso para camiones, gasolineras o aparcamientos:

Transpark, Gasolineras baratas, Find Truck Services, Gasall, HGV Parking.

¿Cómo abordar la realización de un proyecto?

Un **proyecto** consiste en la planificación, ejecución y revisión de un conjunto de actuaciones, de manera particular y separada de la operativa diaria. La norma UNE-ISO 21500:2013 aborda cómo realizar su gestión.

Son proyectos, por ejemplo, la puesta en marcha de un nuevo almacén, el desarrollo de un nuevo embalaje, el cambio de los sistemas de planificación de los recursos empresariales (ERP) o la renovación de la flota. Todos conllevan múltiples actividades, como la planificación y fijación de objetivos, la configuración de equipos o la elaboración de presupuestos, y pueden organizarse según diversas técnicas, según sea la casuística del proyecto. Por ejemplo, no es lo mismo el desarrollo de un nuevo sistema de etiquetas que la construcción de una infraestructura logística.

Ejemplo

Propuesta de una técnica con cinco **fases de realización** que se desarrollan de la ficha B19 a la B23:

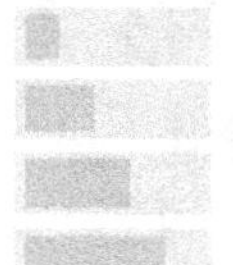

1 Inicio y diseño
2 Planificación
3 Implementación
4 Control
5 Cierre

Los proyectos suelen estar dirigidos por una persona que actúa como responsable o líder del proyecto. Se nombra a uno o varios equipos específicos para su realización y se reservan recursos humanos, recursos económicos, tiempo y todo lo que se prevea necesario para su desarrollo. Cada proyecto se identifica con una denominación que lo distinga de cualquier otro.

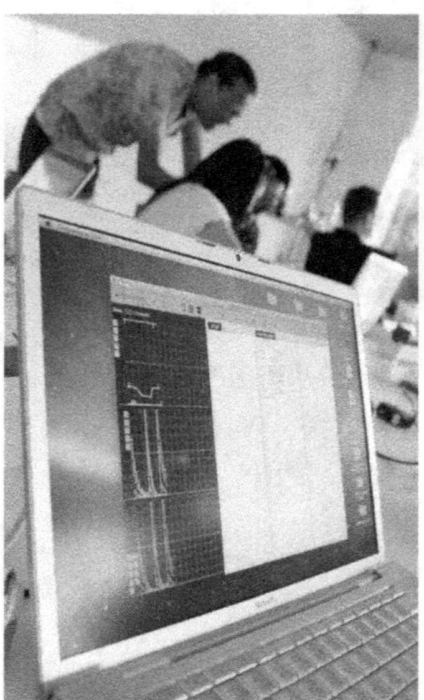

¿Cómo realizar el diseño de un proyecto logístico?

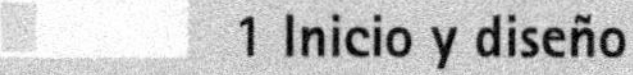 **1 Inicio y diseño**

Tras la recogida de datos y las conversaciones previas se puede **iniciar** el proyecto.

Objetivos de esta fase:

1 Fijar los objetivos.
2 Elegir la mejor opción para alcanzarlos.
3 Autorizar su arranque y nombrar el equipo responsable.

Proceso

Atendiendo a las particularidades y los requerimientos de cada área, se debe seguir el siguiente proceso:

1 Los responsables del proyecto deben definir los **objetivos *smart* (ficha B5)**.
2 Realizar una **presentación** en la que se aporten:

- Antecedentes, motivaciones y objetivos.
- Propuesta y detalles del diseño del proyecto.
- Resultados cuantitativos y cualitativos que se esperan conseguir.
- Plan de inversión **(ficha B4)** que contenga:

  - Las alternativas consideradas.
  - El estudio económico.
  - El desglose de las partidas significativas.
  - La vida útil y el calendario de amortización.
  - El calendario de pagos.

- Indicadores clave de rendimiento (KPI) y formas de medición.
- Borrador de la planificación general del proyecto.
- Otros datos de interés (normativa, impacto externo e interno, factores que se han de considerar, etc.).

Antes de presentar un proyecto, es necesario:

1 Consultar a las partes implicadas para conocer posibles dudas y reticencias.
2 Conseguir apoyos para ir a la reunión con una propuesta consistente.
3 Preparar una presentación atractiva, que sea concisa, clara, sencilla y que cuantifique costos y beneficios.

¿Cómo planificar un proyecto logístico?

2 Planificación

En la fase de **planificación** deben identificarse todas las tareas implicadas, quiénes son los responsables, los plazos y los recursos para poder llevar a cabo el proyecto.

Objetivos de esta fase:

1 Realizar la lista de tareas, responsables, plazos y costos.
2 Desarrollar la planificación de costos, plazos y parámetros que permita optimizar la productividad.

Proceso

Llevar a cabo una adecuada planificación requiere de un medio para poder representarla. La herramienta más usada para este propósito es el **cronograma (ficha B3).**

Esto se puede hacer mediante una simple tabla en una hoja de cálculo o con utilidades de proyectación específicas.

El proceso que hay que seguir es:

1 Ordenar los objetivos en áreas.
2 Desglosar las tareas de cada área, ordenándolas cronológicamente en fases.
3 Indicar posibles dependencias entre tareas.
4 Calcular y señalar los tiempos límite.
5 Nombrar los responsables de ejecutar, supervisar y apoyar en cada punto.
6 Establecer el presupuesto para cada objetivo.
7 Optimizar la productividad mediante la reducción de tiempos muertos, técnicas de negociación con proveedores, etc.
8 Formar y preparar al personal y a las empresas implicadas.

¿Cómo implementar un proyecto logístico?

3 Implementación

La **implementación** es la ejecución práctica del proyecto. Aborda aspectos como la coordinación de los recursos, la corrección y solución de problemas o el seguimiento económico.

Objetivos de esta fase:

1 Ejecutar las tareas establecidas en el marco de los costos, plazos y parámetros planificados.
2 Alcanzar los objetivos fijados haciendo frente a dificultades o imprevistos posibles.

Proceso

La implementación se alcanza mediante la puesta en marcha de diversas tipologías de recursos:

---

1 Coordinación de recursos humanos

- Definición y comunicación del sistema de organización.
- Ejecución física de las actividades.
- Corrección y solución de problemas.

2 Ejecución de la coordinación de recursos técnicos

- Comunicar el plan de suministro o puesta en marcha de los recursos técnicos (recursos materiales, autorizaciones, etc.).
- Comprobar que los recursos funcionan correctamente.
- Coordinar los suministros necesarios para el funcionamiento de los recursos (combustible o electricidad, por ejemplo).

3 Ejecución de la coordinación de recursos económicos

- Emisión de las órdenes de compra y pago.
- Control de los cobros y pagos de acuerdo con el presupuesto.
- Corrección de las desviaciones mediante planes específicos.
- Presentación de resultados según los objetivos propuestos.

¿Cómo se ejecutan los procesos de control en un proyecto logístico?

4 Control

En la fase de implementación se sigue un control de la actividad. Sin embargo, hay otra fase de **control y validación** que llevan a cabo las personas que supervisan este proceso, no las responsables de la ejecución.

Objetivos de esta fase:

1 Analizar el estatus de la implementación, el de sus costos y el cumplimiento de los objetivos.
2 Aprobar o denegar las autorizaciones y variaciones solicitadas sobre el proyecto.

Proceso

Aunque no haya un camino prefijado para la supervisión, ya que cada empresa puede seguir organigramas y procedimientos internos diferentes, sí que pueden aplicarse unas pautas generales en distintos campos:

1 Establecer y comunicar las formas, los periodos y los contenidos de la supervisión.
2 Elaborar las presentaciones de:

- Control sobre la ejecución de las tareas.
- Control sobre los gastos realizados frente al presupuesto.
- Incidencias y contratiempos.

3 Propuestas y solicitudes.
4 Peticiones y reprogramaciones de los supervisores.
5 Presentación de la nueva hoja de ruta al personal implicado. Se acostumbra a hacer en tablones físicos situados en las zonas de ejecución donde los equipos de trabajo se reúnen para realizar el seguimiento habitual.

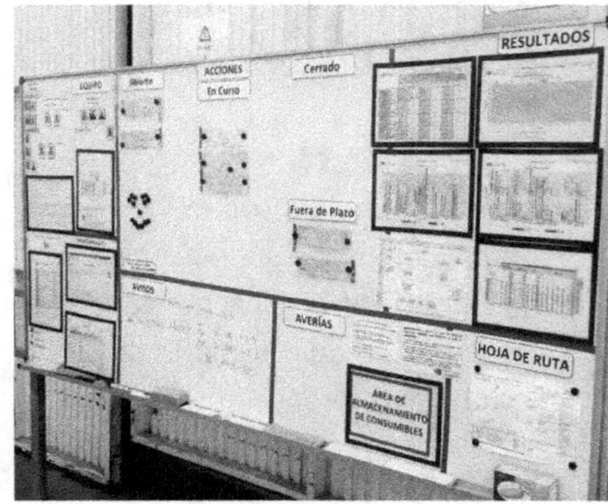

¿Qué procesos intervienen en el cierre de proyectos logísticos?

5 Cierre

En la fase de **cierre** se comprueba que se han cumplido las premisas (de acuerdo con los objetivos establecidos en los puntos *smart)* para poder dar por concluido el proyecto.

Objetivos de esta fase:

1 Verificar que se han cumplido los indicadores definidos para dar por concluido el proyecto.
2 Establecer las posibles actuaciones para cerrar el proyecto y comunicar los cambios a las partes afectadas.
3 Establecer los criterios de supervisión futura sobre el resultado conseguido.

Proceso

1 Realizar una recogida de datos y presentar los resultados alcanzados al equipo supervisor o a la persona responsable.
2 Si es un proyecto físico (una obra, un embalaje, una nueva operativa, etc.), es recomendable organizar una visita al emplazamiento.
3 Exponer los pasos (comunicación, cambios necesarios para su uso cotidiano, etc.) para aprobar y ejecutar el proyecto.
4 Cerrar contablemente el proyecto.
5 Definir la periodificación y las actuaciones que hay que realizar para revisar los resultados y el estatus del objeto del proyecto, introduciendo elementos correctores si surgen contratiempos.

Anexos

Anexo b1. Ejemplo de ficha 8D

Logo empresa | **Punto donde se ha originado el problema** — Producción: ☐ Calidad: ☐ Otros: ■ | Logística: almacenes [X] Transporte [X] | Tiempo perdido por accidente ☐ | **8D**

Responsables de corregir el problema: Alfonso Marcel	Planta: Bohadilla	Lugar: Bohadilla

Fecha: 30/1/2025   **Hora:** 8:30   **Titular del problema:** caída de pieza 2541959, con daños materiales a carretilla

Personas que detectaron el problema	Si se ha producido con anterioridad, número de veces y descripción de los hechos	Departamentos o áreas afectadas	Esquema de los daños
Salvador Hernández, operario	Si, en diversas ocasiones	Almacén / Calidad / Producción / Recursos humanos	Eje trasero direccional dañado por impacto brusco contra el suelo tras elevarse. Impacto al operario, con riesgo de daños

Descripción de los hechos:

El operario sacó la pieza del camión, con un peso de 7.200 kg. Una vez fuera del mismo, a 1,5 m de altura, la pieza comenzó a desplazarse hacia delante, elevando la parte trasera de la carretilla. Finalmente, la pieza cayó, volviendo la carretilla al contacto con el suelo bruscamente y produciendo una rotura del eje trasero, al tiempo que un fuerte impacto para el operario.

Fotos

¿La actuación ante este problema está protocolizada?. Si la respuesta es positiva, ¿en qué procedimiento?
No adecuadamente. Se ha formado al personal en el carnet de carretilla y en el riesgo del puesto, pero no está protocolizada la manipulación de esta pieza en particular.

Riesgo en procesos o productos similares: Si: x   No: **Si es sí, ¿dónde?:** En todas las manipulaciones de piezas metálicas

N°	Acciones correctivas inmediatas / medidas de contingencia	Responsables
1	Paralizar la carretilla y no manipular este tipo de piezas con carretilla hasta nueva orden	Amalio Rodríguez
2	Dar al calderero la instrucción de realizar todos los puntos de anclaje indicados en el plano	Álvaro Espinosa
3	Elaborar una instrucción adecuada para la manipulación	Jorge Campos
4	Consultar a almacén y a calderero sobre cómo se manipulará desde la fase de diseño	Noelia Becerril
5	Solicitar la presencia de un experto para analizar el problema en profundidad	Maite Zuriel

Causa raíz de la no detección: no es un problema habitual y tiene una difícil detección. Adicionalmente, hemos comprobado que se trata de un conjunto de problemas y no de uno solo

Por qué 1	Por qué 2	Por qué 3	Por qué 4	Por qué 5
La pieza se ha deslizado hacia adelante	No llevaba ningún elemento de sujeción y es hierro contra hierro	No se consideró necesario en el diseño	Hay muchas piezas y no se estimaba oportuno	No hay unas directrices claras sobre cómo actuar en estas operaciones
Las uñas estaban posiblemente rectas o algo inclinadas hacia adelante	No se puede asegurar que el carretillero, solo con la vista, pueda nivelarlo	El carretillero tampoco tiene una instrucción clara sobre la inclinación a usar	No hay una formación y entrenamiento especiales para este tipo de piezas	Las piezas son muchas y no se ha abordado nunca
No se tiene claro si la carretilla puede soportar este peso	Se compró de segunda mano y no tiene libro técnico	No aparece una ficha muy clara sobre la escala de manipulación	No se ha abordado con el proveedor la necesidad de hacerlo	El proveedor tampoco ha trasladado una instrucción clara sobre esta manipulación
En la manipulación, el operario no bajó la pieza nada más sacarla del camión	Incumplió las directrices del curso de carretillero y del manual (pág. 12)	No hubo un entrenamiento adecuado y el operario no lo asimiló como hábito	Dado que la pieza es muy resbaladiza, el operario pudo considerar que no era efectiva y no la aplicó	No hay un útil claramente eficaz para esta manipulación, ni una instrucción clara
En el camión, las piezas vienen sin ningún soporte	No hay un protocolo de estiba adecuado que abarque todo el ciclo	No se ha diseñado, dado el número de piezas y el conocimiento técnico necesario	Hay que hacer una ficha de PRL por producto o, al menos, familia de productos	Los procedimientos tienen que hacerse desde el proveedor

Problema (causa raíz)	Acción	Responsable	Fecha	Hecho (fecha)	Revisado (Fecha)	Acción efectiva S/N
No hay unas instrucciones sobre el útil y la forma de operar	Establecer un útil (recomendado *spreader*) para manejo de cargas con seguridad y adaptable a múltiples piezas	Jorge Amando	15/02/2025			
No está claro el peso que puede transportar	Se adquirirá un manual y se establecerá un diagrama de cargas específico para conocer si la carretilla puede usarse	Jorge Amando	15/02/2025			
No hay un protocolo específico para el manejo y carga de las piezas	Establecer un protocolo de seguridad para las diferentes familias de piezas	Jorge Amando	15/02/2025			
No hay una formación específica para los operarios relacionadas con la manipulación	Establecer una formación específica para manipulación de cargas, acorde a la normativa y se hará un entrenamiento	Noelia Zuriel	15/02/2025			
No hay protocolos de estiba implementados	Se realizará un protocolo de estiba para cubrir todo el proceso desde el proveedor hasta la carga final	Noelia Zuriel	20/02/2025			
Existe un riesgo de atropellos o daños a terceros por falta de señalización	Se debe señalizar la zona de carga, canalizando el paso de personas y dotando de elementos acústicos adecuados	Alvaro Espinosa	28/02/2025			

Jefe de planta	Responsable de RR.HH.	Auditor	Objetivo conseguido (S/N - Fecha):
Firma/s	Firma	Carlos Hernández Firma	
Fecha:	Fecha:	Fecha:	

Véase la ficha B6 ¿Qué técnicas de creatividad se pueden emplear para innovar?

Negociación para el comercio internacional
Cristina Peña Andrés

Manual del manipulador de alimentos
Blas Gómez

Manual de gestión del transporte y la logística
Lander Tolosa

La economía social y solidaria en Barcelona
Anna Fernàndez, Ivan Miró

Manual de seguridad en el trabajo
Marge Books

**Cómo innovar en las pymes.
Manual de mejora a través de la innovación**
Alberto Tundidor Díaz

**Guía documental para exportar e importar.
Los 12 documentos clave**
Alberto García Trius

**Mass customization.
Las claves de la personalización masiva**
Blas Gómez Gómez

**Crédito documentario. Guía para el éxito
en su gestión**
Cristina Peña Andrés, Amelia de Andrés Leal

Guía práctica de las reglas Incoterms® 2010
David Soler

**Certificación Lean Six Sigma Green Belt
para la excelencia en los negocios**
Lean Six Sigma Institute, SC

**Certificación Lean Six Sigma Yellow Belt
para la excelencia en los negocios**
Lean Six Sigma Institute, SC

**Negociación intercultural. Estrategias
y técnicas de negociación internacional**
Domingo Cabeza, Pelayo Corella, Carlos Jiménez

**Las reglas Incoterms® 2010. Manual para
usarlas con eficacia**
Alfonso Cabrera Cánovas

**Regímenes aduaneros económicos y procesos
logísticos en el comercio internacional**
Pedro Coll

**Inglés náutico normalizado para
las comunicaciones marítimas**
José Manuel Díaz Pérez

Shipping & Commercial Case Law
Albert Badia

Gestión medioambiental en la industria
José M.º Suris

Gestión financiera del comercio internacional
Josep M.º Casadejús

**Manual de gestión aduanera. Normativas
del comercio internacional y modelos
de integración económica**
Pedro Coll

Los abordajes en la mar
Carlos F. Salinas

**El desorden sanitario tiene cura.
Desde la seguridad del paciente hasta
la sostenibilidad del sistema sanitario
con la gestión por procesos**
Rajaram Govindarajan

**Gestión y liderazgo en una empresa
de seguros**
Simón Mahfoud y Digna Peña

 Avda. Alcalde Moix, 28 – 08207 Sabadell (Barcelona) – Tel. +34-931 429 486 – marge@margebooks.com – www.margebooks.com